AF645498

Seniorenteller ohne Schnickschnack

EDITION XXL

Inhalt

Vorwort

Seniorenteller? Als ich das zum ersten Mal gelesen habe, dachte ich: „Was soll das denn sein?“ Bis ich feststellte, dass das ja gar nicht dumm ist. Suppe, Hauptgericht und Dessert … das schaffe ich nicht! Die Suppe weglassen? Kommt nicht in Frage, denn ich liebe zum Beispiel Markklößchensuppe über alles. Also: kleinere Portionen – „Seniorenportionen“! Denn ältere Menschen sind schneller satt.

Auch die Zubereitung hat sich geändert. So gut das panierte Schnitzel auch sein mag, wenn es in Schweineschmalz gebraten wird – wir sollten es besser weglassen. Es gibt heute viele hochwertige Öle oder Fette zum Braten, die leichter verträglich sind und dabei genauso gut schmecken.

Im Alter verlangsamt sich auch der Verdauungsprozess. Wir sollten deshalb nicht nur ausreichend trinken, sondern auch für die tägliche Ballaststoff- und Vitaminzufuhr sorgen. Obst und Gemüse enthalten reichlich Vitamin C und vor allem grüne Gemüsesorten, wie Mangold oder Rosenkohl, wirken sogar entzündungshemmend.

Es darf auch ruhig etwas würziger sein, da die Anzahl der Geschmacksknospen abnimmt. Wichtig ist allerdings, nicht mehr Salz zu verwenden, sondern mit viel frischen Kräutern, mit Knoblauch und Muskat zu würzen.

Mit der richtigen Ernährung kann man sein Wohlbefinden leicht steuern. Unser Organismus braucht Kraft, damit er sich gegen Krankheiten wehren kann. Und diese Kraft zieht er aus dem, was wir ihm in Form von Essen zuführen.

Das wusste schon unsere Großmutter. Ein Blick in Omas Rezeptesammlung ist interessant, denn man muss sie nur in einigen Fällen abändern. Wie die Gerichte aus Omas Küche an die heutigen Bedürfnisse älterer Menschen angepasst werden, das zeigen die Rezepte in diesem Buch.

Ich wünsche Ihnen gutes Gelingen!
Ihre Elisabeth Bangert

Ratgeber

Mit zunehmendem Alter verändern sich auch der Körper und dessen Bedürfnisse. Wer sein Essen jetzt daran anpasst, dem geht es besser. Zwar nimmt im Alter der Kalorienbedarf ab, aber nicht der Nährstoffbedarf. Gemüse und Obst sind hier ideale Lieferanten von Vitaminen und Mineralstoffen. Hülsenfrüchte bilden eine wertvolle Eiweißquelle und machen satt. Daher bieten sie sich auch gut als Fleischersatz an. Die Verwendung von frischen Kräutern und gesunden Gewürzen gibt dem Essen einen guten Geschmack. Denn mit zunehmendem Alter verändert sich auch unser Geschmacksempfinden. „Süß" und „salzig" werden weniger intensiv empfunden. Auch unser Verdauungssystem wird empfindlicher. Große Portionen, spätes Essen oder auch scharfes und fettes Essen werden oft nicht mehr gut vertragen.

Die Rezepte in diesem Buch berücksichtigen all dies. Sie stammen „aus Omas Küche" und zeigen, dass schon unsere Großmutter früher mit viel Gemüse, Kräutern und natürlichen Produkten für das Wohlergehen ihrer Familie gesorgt hat. Was heute wissenschaftlich erwiesen ist, hat sie damals schon in die Praxis umgesetzt.

Darauf sollten Sie besonders achten:

- Nehmen Sie sich Zeit zum Kochen und Essen, das ist der erste Schritt zu einer gesunden Ernährung. Wenn Sie Ihr Essen selbst zubereiten, dann wissen Sie, welche Inhaltsstoffe darin enthalten sind. Verwenden Sie möglichst wenige industriell vorgefertigte Gerichte. Naturbelassene Lebensmittel, die so wenig wie möglich verarbeitet wurden, sind am gesündesten.

- Verwenden Sie möglichst viel Obst, Gemüse und Salate in der Küche. Achten Sie aber darauf, Salate möglichst nur mittags zu essen. Da Rohkost schwer verdaulich ist, wird das Verdauungssystem, das in der Nacht seine Aktivität „herunterfährt", zu sehr belastet.

- Gehen Sie sparsam mit Fetten und Ölen um. Benutzen Sie hochwertige pflanzliche Öle, wie beispielsweise Olivenöl, Kürbiskern- oder Traubenkernöl. Verwenden Sie zum Kochen beschichtete Pfannen, Töpfe und Auflaufformen, um die Fettmenge zu reduzieren, und ziehen Sie das Dünsten dem Frittieren vor.

- Fleisch sollten Sie höchstens 1- bis 2-mal pro Woche essen. Vor allem Schweinefleisch wirkt entzündungsfördernd und unterstützt die Entstehung entzündlicher Prozesse in den Gelenken, wie z. B. bei Rheuma. Hingegen wirken die Aminosäuren, die in grünem Blattgemüse enthalten sind, entzündungshemmend.

Verfeinern Sie Ihr Mineralwasser mit einigen Zitronen- oder Limettenscheiben.

- Stellen Sie sich geeignete Getränke wie beispielsweise Wasser oder ungesüßte Tees immer gut sichtbar bereit. So steuern Sie dem verminderten Durstempfinden im Alter entgegen. Achten Sie auf eine ausreichende Trinkmenge (ca. 2 Liter täglich).

- Lassen Sie Ihrer Kreativität bei der Zubereitung der Mahlzeiten freien Lauf. Wenn Sie eine Gemüsesorte in unseren Rezepten nicht mögen, können Sie diese zum Beispiel einfach gegen Ihr Lieblingsgemüse austauschen. Probieren Sie auch einmal Gemüse oder Gewürze aus, die Sie noch nicht kennen.

- Bereiten Sie aufwendigere Gerichte in größeren Mengen zu und frieren Sie sie dann portionsweise ein. So haben Sie immer eine gesunde Mahlzeit schnell zur Hand. In einigen unserer Rezepte ist die Menge bereits entsprechend bemessen.

- Vollkornprodukte haben besonders viele Nähr- und Ballaststoffe. Das regt die Verdauung an. Probieren Sie Vollkornprodukte wie Vollkornbrot, Nudeln oder Müsli und bauen Sie diese in Ihren täglichen Speiseplan mit ein. Um Vollkornprodukte verträglicher zu machen, sollten Sie gut kauen und genug trinken.

Grünes Gemüse ist gesund!

Bohnen: haben viele Ballaststoffe, helfen beim Abnehmen
Brokkoli: enthält einen Wirkstoff gegen Krebs
Erbsen: hochwertiges Eiweiß für Muskeln und Knochen
Grüner Spargel: Vitamin A stärkt die Sehkraft und die Haut
Grünkohl: wichtiger Eisen- und Vitaminlieferant
Mangold: enthält Beta-Carotin: gut für die Augen
Rosenkohl: Vitamin C stärkt die Abwehrkräfte
Wirsing: sekundäre Pflanzenstoffe wirken positiv auf den Organismus

Markklößchen

Zutaten:
(für 6 Klößchen, plus 8 Portionen zum Einfrieren)

- 2 altbackene Brötchen
- 1–2 Markknochen (ca. 150 g)
- ½ Bund Petersilie
- 1 Ei
- Semmelbrösel
- Muskat
- Salz, Pfeffer

Tipp:

Frieren Sie die nicht benötigten Markklößchen portionsweise ein – dann haben Sie jederzeit eine leckere Suppeneinlage zur Hand.

Zubereitung:

1. Die Brötchen in reichlich Wasser einweichen. In der Zwischenzeit das Mark aus den Markknochen herausschaben. Das ausgeschabte Mark in einem Topf oder in einer Pfanne langsam auslassen.

2. Das flüssige Mark durch ein Sieb in eine Schüssel gießen, damit eventuell vorhandene Knochensplitter entfernt werden. Etwas abkühlen lassen.

3. Die Petersilie waschen, trocken schütteln und fein hacken. Die Brötchen gut ausdrücken und zusammen mit dem Ei und der gehackten Petersilie zu dem ausgelassenen Mark geben. Alles gut durchkneten und mit Muskat, Salz und Pfeffer würzen. So viel Semmelbrösel dazugeben, bis eine griffige Masse entsteht.

4. Aus der Masse ein Probeklößchen formen. Das Klößchen einige Minuten in der heißen Suppe ziehen lassen. (Falls Sie noch keine Suppe gekocht haben, können Sie auch heißes Wasser nehmen.) Wenn es zerfällt, noch etwas mehr Semmelbrösel zur Teigmasse hinzugeben. Wenn das Probeklößchen gelingt, die restlichen Klößchen formen.

1.

2.

3.

Markklößchensuppe

Zutaten:
(für 2 Personen)

½ Bund Suppengrün (Karotten, Sellerie, Lauch)
1 Zwiebel
1 EL Pflanzenöl
1 EL gekörnte Brühe
6 Markklößchen
Salz, Pfeffer

Zubereitung:

1. Das Gemüse waschen, putzen und in Würfel schneiden. Die Zwiebel abziehen und fein würfeln.

2. Das Öl in einen Topf geben und die Zwiebel und das kleingeschnittene Gemüse darin kurz anbraten. Mit ca. 1 Liter Wasser ablöschen, die gekörnte Brühe zugeben und so lange kochen, bis das Gemüse weich ist.

3. Mit Salz und Pfeffer abschmecken. Die Markklößchen in die siedende Suppe geben, heiß werden lassen und servieren.

Zutaten:
(für 2 Personen, plus 4 Portionen zum Einfrieren)

1,5 kg Ochsenschwanz (vom Metzger in Stücke geschnitten)
1 Zwiebel
2 Stangen Lauch
350 g Petersilienwurzel
200 g Karotten
3 EL Butterschmalz
3 EL Tomatenmark
2 EL Mehl
2 l Rinderbrühe
10 Pfefferkörner
2 Lorbeerblätter
2 Stiele Liebstöckel
4 cl Madeira-Wein
1 Tomate
200 ml süße Sahne
Paprikapulver, edelsüß
Salz, Pfeffer

Außerdem:
Rotwein zum Verfeinern
Petersilienblättchen zum Garnieren

Ochsenschwanzsuppe

Zubereitung:

1. Die Ochsenschwanzstücke gut unter kaltem Wasser waschen, damit eventuelle kleine Knochenreste abgespült werden, und dann mit Küchenkrepp trocken tupfen. Die Zwiebel abziehen und fein würfeln. Den Lauch, die Petersilienwurzel und die Karotten waschen, putzen und klein schneiden.

2. Das Butterschmalz in einem Bräter erhitzen und die Ochsenschwanzstücke darin kräftig anbraten. Das Gemüse hinzugeben. Wenn es Farbe angenommen hat, das Tomatenmark hinzufügen und mit anrösten. Mit dem Mehl bestäuben, gut verrühren und mit der Rinderbrühe ablöschen. Die Pfefferkörner, die Lorbeerblätter und den Liebstöckel in ein kleines Säckchen oder ein Gewürzsieb füllen und in den Bräter dazugeben.

3. Die Suppe kurz aufkochen und 2 Stunden bei schwacher Hitze zugedeckt köcheln lassen. Das Gewürzsäckchen und das Fleisch herausnehmen. Das Gemüse mit der Brühe durch ein Sieb passieren und in einem Topf auffangen. Das Fleisch vom Knochen lösen, in eine Schale geben und mit dem Madeira begießen. 10 Minuten ziehen lassen.

4. In der Zwischenzeit die Tomate häuten. Dazu den Strunk entfernen und die Unterseite kreuzförmig einritzen. Die Tomate mit reichlich kochendem Wasser übergießen. Wenn sich die eingeritzte Haut rollt, die Tomate aus dem heißen Wasser nehmen und mit kaltem Wasser abschrecken. Die Haut abziehen, das Fruchtfleisch halbieren, entkernen und in kleine Würfel schneiden. Das eingelegte Fleisch ebenfalls in kleine Würfel schneiden.

5. Die Madeira-Marinade durch ein Sieb gießen und mit dem Fleisch der Suppe hinzufügen. Nochmals erhitzen und die Sahne zugeben. Mit Salz, Pfeffer und Paprikapulver würzen. Zum Schluss die kleingeschnittenen Tomatenwürfel dazugeben. Nach Belieben mit Rotwein verfeinern und mit Petersilienblättchen garnieren.

Karotten-Orangen-Suppe

Zutaten:
(für 2 Personen)

300 g Karotten
1 mittelgroße Kartoffel
10 g Ingwer
1 Zwiebel
1 EL Butter
Saft von 2 Orangen
500 ml Gemüsebrühe
Paprikapulver
Salz, Pfeffer

Zubereitung:

1. Die Karotten waschen, putzen und in kleine Stücke schneiden. Die Kartoffel waschen, schälen und würfeln. Den Ingwer schälen und fein reiben. Die Zwiebel abziehen und fein würfeln.

2. Die Butter in einem Topf erhitzen und die Zwiebel darin andünsten. Die Karotten- und Kartoffelstücke dazugeben, kurz mit anbraten und dann mit dem Orangensaft und der Gemüsebrühe ablöschen. Den Ingwer zugeben und alles ca. 20 Minuten köcheln lassen.

3. Die Suppe pürieren und mit Paprikapulver, Salz und Pfeffer abschmecken.

Tipp:

Wenn Sie es etwas herzhafter mögen, können Sie die Suppe mit einigen Scheiben knusprig gebratenem Bacon servieren.

Gelbe Zucchinisuppe

Zutaten: (für 2 Personen, plus 8 Portionen zum Einfrieren)

2 kg gelbe Zucchini
5 mittelgroße Kartoffeln
3–4 kleine Zwiebeln
2 EL Butterschmalz
1,5 l Gemüsebrühe
100 g Schmelzkäse
Muskat
Salz, Pfeffer

Zum Garnieren:
gehackte Petersilie, Kürbiskerne und Kürbiskernöl

Zubereitung:

1. Die Zucchini waschen, längs aufschneiden, ggf. mit einem Löffel die Kerne entfernen (bei sehr großen Exemplaren) und das Fruchtfleisch in Würfel schneiden. Die Kartoffeln waschen, schälen und klein würfeln. Die Zwiebeln abziehen und fein hacken.

2. Das Butterschmalz erhitzen und die Zwiebeln darin glasig andünsten. Die Kartoffel- und die Zucchinistücke ebenfalls dazugeben und mit anbraten. Mit der Gemüsebrühe ablöschen und aufkochen lassen. Dann die Suppe bei geringer Hitze köcheln lassen, bis die Kartoffeln gar sind.

3. Die Suppe pürieren, den Schmelzkäse dazugeben und alles gut verrühren. Mit Kürbiskernen, gehackter Petersilie und Kürbiskernöl garnieren und servieren. Die restliche Suppe abkühlen lassen und portionsweise einfrieren.

Tipp:

Wenn es einmal schnell gehen soll, können Sie die Grießklößchensuppe auch mit einfacher Gemüse- oder Fleischbrühe – also ohne Gemüseeinlage – zubereiten.

Grießklößchensuppe

Zutaten:
(für 2 Personen)

½ Bund Suppengrün (Karotte, Lauch, Sellerie)
800 ml Gemüsebrühe
150 ml Milch
20 g Butter
½ TL Salz
1 Prise Muskat
50 g Hartweizengrieß
1 Ei

Zum Bestreuen:
gehackte Petersilie

Zubereitung:

1. Das Suppengemüse putzen, waschen und fein würfeln. In der Gemüsebrühe ca. 20 Minuten köcheln lassen.

2. Für die Grießklößchen die Milch mit der Butter, dem Salz und der Prise Muskat aufkochen. Den Hartweizengrieß einstreuen und so lange rühren, bis ein Kloß entsteht. Den Topf vom Herd nehmen und das Ei unterrühren.

3. Mit zwei Teelöffeln Klößchen formen, diese in die Suppe geben und ca. 10 Minuten ziehen lassen. Die Suppe und die Klößchen in Teller geben und mit der Petersilie bestreut servieren.

Tomatensuppe

Zutaten:

(für 2 Personen)

800 g reife Tomaten
1 Zwiebel
1 Knoblauchzehe
2 EL Olivenöl
30 g Tomatenmark
600 ml Gemüsebrühe
einige Thymianblättchen
1 Prise Paprikapulver
1 Prise Zucker
Salz, Pfeffer

Zum Garnieren:
Basilikumblätter

Zubereitung:

1. Die Tomaten waschen, vom Strunk befreien, häuten und in Würfel schneiden. Die Zwiebel und die Knoblauchzehe abziehen und hacken.

2. Das Olivenöl in einem Topf erhitzen. Die Zwiebel und den Knoblauch darin kurz anbraten. Die Tomatenwürfel und das Tomatenmark hinzufügen und mit der Gemüsebrühe auffüllen. Mit den Thymianblättchen, dem Paprikapulver, dem Zucker, Salz und Pfeffer würzen, aufkochen und ca. 30 Minuten leicht köcheln lassen.

3. Die Suppe nach Belieben pürieren und mit Basilikumblättchen garniert servieren.

Tipp:

Tomaten enthalten neben den Vitaminen C und B die wichtige Folsäure, die die Arterien vor Ablagerungen schützen soll.

Bohnen-Kartoffel-Eintopf

Zutaten:
(für 2 Personen)

½ Bund Suppengrün
(Karotte, Lauch, Sellerie)
2–3 Stangen Staudensellerie
1 kleine Zwiebel
300 g Kartoffeln
250 g grüne Bohnen
200 g Suppenfleisch
40 g Butterschmalz
1 l Rinderbrühe
Salz, Pfeffer

Zubereitung:

1. Das Suppengrün und den Staudensellerie putzen, waschen und klein schneiden. Die Zwiebel abziehen, die Kartoffeln schälen und beides würfeln. Die Bohnen waschen, putzen, die Fäden abziehen und die Bohnen klein schneiden. Das Suppenfleisch waschen, trocknen und in Würfel schneiden.

2. Das Butterschmalz in einem Topf erhitzen und das Fleisch darin scharf anbraten. Das Gemüse dazugeben und kurz mit anbraten.

3. Mit der Rinderbrühe ablöschen und zugedeckt ca. 40 Minuten köcheln lassen. Zum Schluss mit Salz und Pfeffer abschmecken.

Linseneintopf mit Würstchen

Zutaten:
(für 2 Personen)

½ Bund Suppengrün (Karotte, Lauch, Sellerie)
1 kleine Zwiebel
250 g Kartoffeln
100 g geräucherter, durchwachsener Speck
150 g Tellerlinsen
1 l Gemüsebrühe
2 Lorbeerblätter
2 Wiener Würstchen
Salz, Pfeffer

Außerdem:
Weißweinessig zum Verfeinern
Majoranblättchen zum Bestreuen

Zubereitung:

1. Das Suppengrün putzen, waschen und fein würfeln. Die Zwiebel abziehen und fein hacken. Die Kartoffeln waschen, schälen und würfeln. Den Speck ebenfalls in Würfel schneiden. Die Linsen waschen.

2. Die Speckwürfel in einem großen Topf anbraten. Das Gemüse hinzugeben und so lange unter Rühren anbraten, bis es Farbe bekommt. Mit der Brühe ablöschen, die Linsen hinzufügen und die Lorbeerblätter dazugeben. Zugedeckt bei mäßiger Hitze ca. 40 Minuten köcheln lassen. Bei Bedarf etwas Brühe nachgießen.

3. Die Würstchen in Scheiben schneiden. Den Eintopf mit Salz und Pfeffer würzen und die Wurstscheiben hineingeben. Je nach Geschmack mit etwas Essig verfeinern und mit Majoranblättchen bestreuen.

Pfannkuchen mit Pilzen

Zutaten:

(für 2 Personen)

250 g Pilze (z. B. Champignons, Pfifferlinge oder Steinpilze)
3 EL Pflanzenfett
130 g Mehl
250 ml Milch
2 Eier
3 Frühlingszwiebeln
Salz, Pfeffer

Zubereitung:

1. Die Pilze mit einer weichen Bürste putzen und in Scheiben oder Stücke schneiden. In einer Pfanne 1 Esslöffel Pflanzenfett erhitzen und die Pilze darin anbraten. Mit Salz und Pfeffer würzen.

2. Das Mehl, die Milch, die Eier, Salz und Pfeffer in einer Schüssel mit dem Handrührgerät zu einem glatten Teig verrühren und im Kühlschrank zugedeckt etwas quellen lassen.

3. Die Frühlingszwiebeln putzen, waschen und in feine Ringe schneiden, dabei einige Ringe für die Dekoration beiseitelegen.

4. In einer Pfanne 1 Esslöffel Pflanzenfett erhitzen. Die Frühlingszwiebeln unter den Teig rühren und die Hälfte des Teiges in die Pfanne geben. Dabei die Pfanne leicht schwenken, damit sich der Teig gleichmäßig verteilt. Wenn die Unterseite angebräunt ist, den Pfannkuchen wenden und die andere Seite bräunen lassen. Den fertigen Pfannkuchen auf einen Teller geben und den zweiten Pfannkuchen in dem restlichen Fett backen.

5. Die beiden Pfannkuchen mit den Pilzen füllen, zusammenklappen und nach Belieben mit Tomatenscheiben und Frühlingszwiebeln garniert servieren.

Tipp:

Dieses Rezept eignet sich auch gut, wenn Sie vom Vortag noch Reste von Pilzen oder von einer Pilzsoße übrig haben. Wärmen Sie diese einfach auf und geben Sie sie auf die fertigen Pfannkuchen. Wenn die Pilzreste im Kühlschrank aufbewahrt wurden, können Sie diese problemlos noch einmal erhitzen.

Zutaten:
(für 2 Personen)

Für das Kartoffelpüree:
400 g mehligkochende Kartoffeln
2 EL Milch
60 g Butter
Muskatnuss
Salz

Für den karamellisierten Apfel:
1 Apfel
1 EL Öl
1 TL Zucker

Für die Röstzwiebeln:
1 Zwiebel
1 EL Mehl
2 EL Butter

Außerdem:
8 Scheiben Blutwurst, ca. 1 cm dick

Himmel und Erde

Zubereitung:

1. Die Kartoffeln waschen, schälen und in Salzwasser weich kochen. Anschließend die Kartoffeln abgießen und durch eine Kartoffelpresse drücken. Die Milch und die Butter unter die noch heiße Kartoffelmasse heben und so lange verrühren, bis eine geschmeidige Masse entsteht. Mit Salz und Muskatnuss abschmecken.

2. Den Apfel waschen, vom Kerngehäuse befreien und in ca. ½ cm dicke Scheiben schneiden. Das Öl in einer Pfanne erhitzen und den Zucker hinzugeben. Mit einem Holzlöffel so lange rühren, bis der Zucker karamellisiert. Dabei darauf achten, dass die Pfanne nicht zu heiß wird, da der Zucker sonst verbrennt. Die Apfelscheiben in die Pfanne legen und von beiden Seiten goldbraun andünsten.

3. Eine weitere Pfanne erhitzen und die Blutwurstscheiben ohne Öl hineinlegen und von beiden Seiten scharf anbraten. Vorsicht: Das Fett kann aus der Blutwurst austreten und spritzen.

4. Die Zwiebel abziehen, in Ringe schneiden und in dem Mehl wälzen. Eine Pfanne mit der Butter erhitzen und die Zwiebelringe darin bräunen. Achten Sie darauf, dass die Ringe gut mit der Butter bedeckt sind, da sie sonst leicht anbrennen.

5. Das Kartoffelpüree auf Tellern anrichten, die Blutwurst darauf legen und mit den karamellisierten Apfelscheiben und den Röstzwiebeln belegen.

Tipp:

Statt der karamellisierten Apfelscheiben können Sie auch einfach Apfelmus dazu servieren.

Gemüse-Frikadellen
mit Tomatensoße

Zubereitung:

1. Die Linsen waschen und nach Packungsanweisung garen. Währenddessen die Karotten und den Knollensellerie waschen, putzen und raspeln. Das Gemüse mit dem Salz vermischen.

2. Die gekochten Linsen über einem Sieb abschütten und zum Gemüse geben. Die Masse auf ein sauberes Geschirrtuch geben, kräftig ausdrücken und die Brühe auffangen. Den Gouda reiben und unter das ausgedrückte Gemüse mischen. 2 Esslöffel Semmelbrösel und die Eier hinzufügen und mit Salz und Pfeffer würzen.

3. Für die Tomatensoße werden die Tomaten gehäutet. Dazu entfernen Sie den Strunk und ritzen die Unterseite kreuzförmig ein. Die Tomaten mit reichlich kochendem Wasser übergießen. Wenn sich die eingeritzte Haut rollt, die Tomaten aus dem heißen Wasser nehmen und mit kaltem Wasser abschrecken. Die Haut abziehen, die Tomaten vierteln und in Spalten schneiden. Die Kerne und Trennwände entfernen und die Tomaten grob hacken.

4. Den Knoblauch abziehen und fein hacken. Die Basilikumblätter waschen, trocken schütteln und fein schneiden. Die aufgefangene Gemüsebrühe mit dem Tomatenmark in einen Topf geben. Den Knoblauch, das Basilikum und das Öl dazugeben, mit Salz, Pfeffer und einer Prise Zucker abschmecken und 10 Minuten köcheln lassen.

5. Aus der Gemüse-Linsen-Mischung 8 flache Frikadellen formen und in den restlichen Semmelbröseln wenden. Das Öl in einer Pfanne erhitzen und die Frikadellen darin von beiden Seiten bei mittlerer Hitze ca. 10 Minuten goldbraun backen. Die Frikadellen anschließend auf Küchenpapier abtropfen lassen.

6. Jeweils 2 Frikadellen auf einem Teller anrichten, mit Rosmarin garnieren und zusammen mit der Tomatensoße servieren. Dazu passen Salzkartoffeln.

Tipp:

Dieses Rezept ist etwas aufwendiger, deshalb lohnt es sich, die doppelte Menge Frikadellen zuzubereiten und die restlichen einzufrieren.

Zutaten:
(für 2 Personen)

Für die Frikadellen:
100 g Linsen
300 g Karotten
300 g Knollensellerie
1 TL Salz
150 g Gouda
3 EL Semmelbrösel
2 Eier
2 EL Pflanzenöl
Salz, Pfeffer

Für die Tomatensoße:
6 Tomaten
1 Knoblauchzehe
1 Handvoll frische Basilikumblätter
2 EL Tomatenmark
3 EL Pflanzenöl
1 Prise Zucker

Zum Garnieren:
einige Rosmarinzweige

Zutaten:
(für 2 Personen)

150 g Reis (Langkorn- oder Basmatireis)
3 Zucchini
50 g geriebener Hartkäse (z. B. Parmesan)

Für die vegetarische Füllung:
1 Tomate
1 kleine Dose Mais (150 g)
1 Zweig Rosmarin
8 Blätter Salbei
125 g Ziegenfrischkäse
1 TL Zuckerrübensirup
Salz, Pfeffer

Für die Hackfleischfüllung:
½ altbackenes Brötchen
1 kleine Zwiebel
1 EL Pflanzenöl
1 Tomate
200 g Hackfleisch (halb vom Schwein, halb vom Rind)
1 Ei
Paprikapulver
Salz, Pfeffer

Für die Tomatensoße:
3–4 Tomaten
Salz, Pfeffer

Zweierlei gefüllte Zucchini

Zubereitung:

1. Den Reis in Salzwasser bissfest kochen, über einem Sieb abschütten und abtropfen lassen.

2. Die Zucchini waschen und an beiden Enden abschneiden. Längs halbieren, das Fruchtfleisch mit einem Teelöffel herausschaben und beiseitestellen.

3. Für die vegetarische Füllung die Tomate waschen, halbieren, entkernen und klein schneiden. Den Mais auf einem Sieb abtropfen lassen. Den Salbei und den Rosmarin waschen und trocknen. Die Salbeiblätter in Streifen schneiden. Die Rosmarinnadeln vom Stiel zupfen und klein hacken.

4. Zwei Drittel des herausgeschabten Zucchini-Fruchtfleisches klein schneiden. Die Tomaten, die Hälfte des gekochten Reises, den Ziegenfrischkäse, den Mais, den Zuckerrübensirup sowie Salbei und Rosmarin zugeben und alles vermischen. Die Füllung mit Salz und frisch gemahlenem Pfeffer abschmecken.

5. Den Backofen auf 180 °C (160 °C Umluft) vorheizen.

6. Für die Hackfleischfüllung das altbackene Brötchen einweichen. Die Zwiebel abziehen, in kleine Würfel schneiden und in einer Pfanne mit dem erhitzten Öl glasig dünsten.

7. Die Tomate waschen, halbieren, entkernen und klein schneiden. Das Brötchen ausdrücken und mit dem Hackfleisch, dem Ei und den Tomaten vermischen. Mit Salz, Pfeffer und Paprikapulver abschmecken.

8. Die vegetarische Füllung in vier Zucchinihälften und die Hackfleischfüllung in zwei Zucchinihälften verteilen und alles mit dem geriebenen Hartkäse bestreuen.

9. Für die Tomatensoße die Tomaten häuten. Dazu entfernen Sie den Strunk und ritzen die Unterseite kreuzförmig ein. Die Tomaten mit reichlich kochendem Wasser übergießen. Wenn sich die eingeritzte Haut rollt, die Tomaten aus dem heißen Wasser nehmen und mit kaltem Wasser abschrecken. Die Haut abziehen und die Tomaten klein schneiden. Mit Salz und Pfeffer würzen.

10. Die Tomaten in eine Auflaufform geben. Die gefüllten Zucchini daraufsetzen und im vorgeheizten Backofen ca. 35 Minuten backen.

11. Den restlichen gekochten Reis kurz im Wasserbad erwärmen und als Beilage zu den mit Hackfleisch gefüllten Zucchini reichen.

Gefüllte Paprika

Zutaten:
(für 2 Personen)

1 grüne und 1 gelbe Paprika
1 altbackenes Brötchen
1 kleine Zwiebel
300 g Hackfleisch (halb vom Schwein, halb vom Rind)
1 Eigelb
Paprikapulver
Salz, Pfeffer

Für die Soße:
1 kleine Zwiebel
1 Knoblauchzehe
1 EL Öl
200 ml passierte Tomaten
Paprikapulver
Salz, Pfeffer

Zubereitung:

1. Die Paprikas waschen und die Deckel abtrennen. Die Kerne sowie die Scheidewände heraustrennen und die Paprikas mit Wasser ausspülen. Die Deckel beiseitelegen. Den Backofen auf 180 °C Umluft vorheizen.

2. Das Brötchen in einer Schüssel mit Wasser einweichen. Die Zwiebel abziehen und fein würfeln.

3. Das Hackfleisch, das Eigelb und die Zwiebelwürfel in eine Schüssel geben. Das eingeweichte Brötchen gut ausdrücken und ebenfalls dazugeben. Die Füllung mit Salz, Pfeffer und Paprikapulver würzen und zu einer homogenen Masse vermischen. Die Paprikaschoten gleichmäßig damit füllen und die Deckel aufsetzen.

4. Für die Soße die Zwiebel und die Knoblauchzehe abziehen und würfeln. Das Öl in einem Topf erhitzen, die Zwiebel und den Knoblauch dazugeben und kurz andünsten. Die passierten Tomaten dazugeben und mit Paprikapulver, Salz und Pfeffer abschmecken.

5. Die Soße in eine Auflaufform geben, die gefüllten Paprika daraufsetzen und im vorgeheizten Backofen ca. 50 Minuten garen.

Tipp:

Sie können dieses Gericht ebensogut mit roten Paprikas zubereiten, je nach Geschmack. Dazu passt am besten Reis als Beilage.

Semmelknödel

mit Pilzsoße

Zubereitung:

1. Die Petersilie waschen, trocken schütteln, die Blätter von den Stängeln zupfen und klein hacken. Etwas Petersilie für die Dekoration zurückbehalten. Die Zwiebel abziehen und in kleine Würfel schneiden. Die Butter in einer Pfanne erhitzen und die Zwiebel darin andünsten.

2. Die Eier und die Milch verquirlen und die Petersilie dazugeben. Die Eiermischung und die Zwiebeln über die altbackenen Brötchen geben, verrühren und so lange ruhen lassen, bis die Brötchen aufgeweicht sind. Das Mehl zugeben und alles vermengen. Mit Salz und Pfeffer würzen.

3. Reichlich Salzwasser zum Kochen bringen. Aus der Masse 4 gleichgroße Knödel formen und vorsichtig in das heiße Wasser legen. Die Temperatur reduzieren und die Knödel ca. 15 Minuten garziehen lassen.

4. Die Champignons putzen und in Scheiben schneiden. Die Zwiebel abziehen und in kleine Würfel schneiden. Die Butter in einem Topf erhitzen und die Zwiebeln mit den Champignons darin andünsten. Das Mehl darüber streuen und kurz mit anschwitzen. Mit der Sahne auffüllen und ca. 10 Minuten köcheln lassen. Mit Salz, Pfeffer und Muskat abschmecken.

5. Die Knödel aus dem Wasser nehmen, mit der Pilzsoße auf Tellern anrichten und mit der Petersilie bestreut servieren. Dazu passt ein gemischter Salat.

Tipp:

Schneiden Sie die Brötchen in Würfel, bevor sie ganz hart sind. Übriggebliebene Brotwürfel können Sie in einer Dose lagern und später wiederverwenden.

Zutaten:
(für 2 Personen)

Für die Knödel:
4–5 Stängel Petersilie
1 kleine Zwiebel
1 EL Butter
2 Eier
125 ml Milch
150 g altbackene Brötchen
1 EL Mehl
Salz, Pfeffer

Für die Pilzsoße:
250 g Champignons
1 Zwiebel
20 g Butter
½ EL Mehl
100 ml süße Sahne
Muskat
Salz, Pfeffer

Spargel mit Crêpe

Zubereitung:

1. Den Spargel waschen und schälen. Dafür die Stangen unter dem Kopf festhalten und mit dem Spar- oder Spargelschäler von oben nach unten ziehen, dann die holzigen Enden abschneiden.

2. Salz und Zucker in einen großen Topf mit ausreichend Wasser geben. Das Wasser zum Kochen bringen und den Spargel hineinlegen (die Stangen sollten vollständig mit Wasser bedeckt sein). Kurz aufkochen lassen und dann bei schwacher Hitze je nach Dicke der Stangen 10–15 Minuten ziehen lassen. Den Spargel vorsichtig aus dem Topf nehmen und abtropfen lassen.

3. Für den Crêpeteig das Mehl mit dem Salz vermischen. Die Milch, die Eier und die Petersilie bzw. den Schnittlauch dazugeben und zu einem glatten Teig verrühren. Den Teig ca. 10 Minuten ruhen lassen.

4. Die Pfanne vorheizen und eventuell etwas einfetten. Den Crêpeteig mit Hilfe einer Kelle in die Pfanne geben, bis der Boden bedeckt ist. Bei mittlerer Hitze auf jeder Seite 2–3 Minuten bis zur gewünschte Bräune backen. Nacheinander ca. 8 Crêpes ausbacken, je nach Anzahl der Spargelstangen.

5. Für die Sauce Hollandaise die Butter in einem Topf zerlassen, aber nicht zu sehr erhitzen. Das Eigelb mit etwas Zitronensaft, 1 Esslöffel Wasser und Salz in einen Topf geben und diesen ins heiße Wasserbad stellen. Mit einem Schneebesen die Masse so lange schlagen, bis sie cremig ist. Den Topf aus dem Wasserbad nehmen und nach und nach unter ständigem Rühren die flüssige Butter zugeben. Mit Salz und Pfeffer abschmecken.

6. Die Crêpes auf einer Arbeitsfläche auslegen. Je eine Scheibe gekochten Schinken daraufgeben, eine Spargelstange in das untere Drittel des Crêpe legen und fest einrollen. Die Spargel-Crêpe-Röllchen auf Tellern anrichten und zusammen mit der Sauce Hollandaise servieren. Dazu passt ein grüner Salat.

Tipp:

Statt mit Crêpe und gekochtem Schinken können Sie den Spargel auch mit gebackenem Schinkenspeck umwickeln (kleines Bild rechts). Geben Sie den Schinkenspeck dazu ohne zusätzliches Fett in eine kalte Pfanne und braten Sie ihn von jeder Seite, bis er schön kross ist. Legen Sie den Speck anschließend auf ein Küchenpapier zum Abtropfen und umwickeln Sie die Spargelstangen damit.

Zutaten:
(für 2 Personen)

500 g weißer Spargel
(ca. 8 dicke Stangen)
1 TL Salz
½ TL Zucker
ca. 8 Scheiben gekochter Schinken (je nach Anzahl der Spargelstangen)

Für den Crêpeteig:
50 g Mehl
1 Prise Salz
100 ml Milch
2 Eier
1 EL gehackte Petersilie oder Schnittlauch

Für die Sauce Hollandaise:
80 g Butter
1 Eigelb
etwas Zitronensaft
Salz, weißer Pfeffer

Eier in Senfsoße

Tipp:

Dieses Rezept ist ideal, wenn an Ostern noch hartgekochte Eier übriggeblieben sind.

Zutaten:
(für 2 Personen)

20 g Butter
20 g Mehl
150 ml Gemüsebrühe
125 ml süße Sahne
2 EL mittelscharfer Senf
½ TL Zucker
einige Stängel Schnittlauch
4 Eier
Muskat
Salz, Pfeffer

Zubereitung:

1. Die Butter bei geringer Hitze schmelzen, das Mehl dazugeben und mit einem Schneebesen kräftig verrühren. Die Mehlschwitze darf nicht braun werden. Den Topf kurz vom Herd nehmen, die Gemüsebrühe dazugeben und wieder kräftig rühren.

2. Die Sahne mit dem Senf vermischen und unter ständigem Rühren zur Soße geben. Alles kurz aufkochen und ca. 8 Minuten ziehen lassen. Die Soße mit Zucker, Salz, Pfeffer und Muskat abschmecken.

3. Den Schnittlauch waschen, trocken schütteln und in Röllchen schneiden. Die Eier vor dem Kochen an der breiten Seite anstechen. Wasser in einem Topf zum Kochen bringen und die Eier vorsichtig hineinlegen. Nach etwa sieben Minuten sind die Eier hartgekocht.

4. Die Eier kalt abschrecken, pellen, halbieren und auf einem Teller anrichten. Mit der Senfsoße anrichten und mit dem Schnittlauch bestreut servieren. Dazu passen Salzkartoffeln.

Pochierte Eier in Senfsoße

Zutaten:
(für 2 Personen)

1 EL Butter
1 EL Mehl
250 ml Hühnerbrühe
1 EL mittelscharfer Senf
1–2 EL Weinessig
4 Eier
Salz, Pfeffer

Zubereitung:

1. Die Butter in einem Topf schmelzen, das Mehl darüber stäuben und anschwitzen. Unter Rühren die Brühe dazugeben, aufkochen lassen und mit dem Senf, Salz und Pfeffer abschmecken.

2. 1,5 Liter Wasser zum Kochen bringen und den Essig hinzufügen. Die Eier aufschlagen, einzeln in eine Kelle oder einen Löffel geben und in das leicht sprudelnde Wasser gleiten lassen. Die Eier ca. 2 Minuten in dem köchelnden Wasser pochieren. Das Eiweiß, wenn es zu stocken beginnt, mit einem Esslöffel über das Eigelb ziehen und die Eier weitere 2 Minuten garen.

3. Die Eier aus dem Wasser heben und auf Küchenpapier oder einem Sieb abtropfen lassen. Mit der Senfsoße servieren.

Tipp:

Als Beilagen passen dazu sehr gut Salzkartoffeln und ein grüner Salat.

Tipp:

Dies ist zwar eine vollwertige Mahlzeit, doch wer es gerne etwas deftiger mag, kann noch gebratene Mettenden dazu reichen.

Blumenkohl mit Butterbröseln und Kartoffelstampf

Zutaten:
(für 2 Personen)

1 kleiner Blumenkohl
40 g Butter
2–3 EL Semmelbrösel
Salz

Für den Kartoffelstampf:
400 g mehligkochende Kartoffeln
100 ml Milch
30 g Butter
Muskat
Salz, Pfeffer

Zubereitung:

1. Den Blumenkohl putzen und ca. ½ Stunde komplett in Wasser legen, sodass eventuell vorhandene Insekten entweichen können.

2. Für den Kartoffelstampf die Kartoffeln waschen, schälen und in Stücke schneiden. Die Kartoffelstücke in einem Topf mit Wasser bedecken, etwas Salz dazugeben und 15–20 Minuten kochen, bis sie gar sind.

3. In einem großen Topf reichlich Wasser zum Kochen bringen, etwas Salz dazugeben, den Blumenkohl ganz in das Wasser legen und ca. 10 Minuten kochen.

4. In der Zwischenzeit die Milch und die Butter in einem Topf erwärmen, bis die Butter geschmolzen ist. Die abgeschütteten Kartoffeln mit einem Kartoffelstampfer zerdrücken, die Milch-Butter-Mischung unterrühren und mit Muskat, Salz und Pfeffer abschmecken.

5. Für die Butterbrösel die Butter in einer Pfanne erhitzen und die Semmelbrösel darin bräunen. Den Blumenkohl mit einer Schaumkelle vorsichtig aus dem Topf nehmen und in eine Servierschüssel geben. Die Butterbrösel über den Blumenkohl verteilen.

6. Den Blumenkohl zusammen mit dem Kartoffelstampf servieren.

Ofenkartoffeln mit Speck, Käse und Quark

Zutaten:

(für 2 Personen)

6 mittelgroße Kartoffeln
100 g Schinkenspeck
1 Bund Schnittlauch
100 g geriebenen Emmentaler
1 EL Butter
Salz, Pfeffer

Für die Quarkcreme:
1 kleine Zwiebel
1 Knoblauchzehe
250 g Quark (40 %)
100 ml Milch
Salz, Pfeffer

Zubereitung:

1. Die Kartoffeln gut waschen und in einem Topf mit Salzwasser ca. 15 Minuten bissfest kochen.

2. Den Schinkenspeck würfeln und in einer Pfanne knusprig anbraten. Den Schnittlauch waschen, trocken schütteln und in Röllchen schneiden.

3. Den Backofen auf 180 °C (Umluft 160 °C) vorheizen.

4. Die Kartoffeln abgießen und der Länge nach halbieren. Mit dem geriebenen Emmentaler und den gebratenen Schinkenwürfeln bestreuen und im vorgeheizten Ofen so lange überbacken, bis der Käse geschmolzen ist.

5. Für die Quarkcreme die Zwiebel und die Knoblauchzehe abziehen und fein würfeln. Den Quark mit der Milch verrühren, dabei nur so viel Milch zugeben, dass die Creme sämig, aber nicht flüssig wird. Die Zwiebel- und Knoblauchwürfelchen unterrühren und mit Salz und Pfeffer abschmecken.

6. Die fertigen Kartoffeln aus dem Ofen nehmen, die Quarkcreme darauf verteilen und mit dem Schnittlauch bestreuen.

Tipp:

Sie können die Quarkcreme mit frischen Kräutern verfeinern, indem Sie zusätzlich je einen halben Bund klein geschnittenen Schnittlauch und Petersilie untermischen.

Käsknöpfle

Zubereitung:

1. Das Mehl, die Eier, ½ TL Salz und das Muskat in eine Schüssel geben, 60 ml Wasser hinzufügen und mit dem Knethaken des Handrührgerätes zu einem glatten Teig verarbeiten.

2. In einen Topf ca. 2 Liter Wasser mit ½ TL Salz und dem Öl zum Kochen bringen. Sobald das Wasser kocht, den Teig mithilfe eines Knöpflehobels in das kochende Wasser geben. Die Knöpfle sind fertig, sobald sie an der Wasseroberfläche schwimmen. Die Knöpfle mit einem Schaumlöffel herausnehmen und abtropfen lassen.

3. Die Zwiebel abziehen und in feine Würfel schneiden. Die Butter in einer Pfanne erhitzen und die Zwiebelwürfel darin glasig dünsten. Den Backofen auf 180 °C (Umluft 160 °C) vorheizen.

4. Den Käse reiben. Die Knöpfle mit den Zwiebeln und dem geriebenen Käse vermengen und in eine Auflaufform geben. Im vorgeheizten Backofen ca. 10 Minuten backen.

5. Die Käsknöpfle nach Belieben mit Röstzwiebeln bestreuen und servieren. Dazu passt ein gemischter Salat.

Tipp:

Statt einem Knöpflehobel kann man auch einen Spätzlehobel verwenden oder man schabt den Teig von einem Brett mit dem Messer direkt in das kochende Wasser.

Zutaten:

(für 2 Personen)

200 g Mehl
2 Eier
1 TL Salz
1 Msp. Muskat

1 EL Öl
1 Zwiebel
25 g Butter
150 g Emmentaler

Zum Bestreuen:
Röstzwiebeln

Kohlrabi mit Bratwurst

Zubereitung:

1. Die Kohlrabis schälen, vierteln und in Scheiben schneiden. Mit Wasser, 1 Prise Salz und der gekörnten Brühe ca. 15 Minuten gar kochen. Die Kohlrabis dann über einem Sieb abschütten und das Kochwasser dabei auffangen.

2. Die Butter in einem Topf erhitzen, das Mehl darüber stäuben, mit dem Schneebesen verrühren und kurz anrösten (nicht bräunen). Mit der Milch und ca. 200 ml Kohlrabikochwasser ablöschen, gründlich durchrühren und aufkochen lassen. Sollte die Soße zu dick sein, kann man noch etwas Kochwasser unterrühren. Mit Salz, Pfeffer und Muskat abschmecken.

3. Die Bratwurst waschen und trocken tupfen. In einer Pfanne das Öl erhitzen und die Bratwurst bei mittlerer Hitze rundherum ca. 10 Minuten anbraten.

4. Die Petersilie waschen, trocknen und fein schneiden und über das Kohlrabigemüse geben. Mit der Bratwurst servieren. Dazu passen Salz- oder Pellkartoffeln.

Tipp:

Auf die gleiche Weise können Sie auch andere Gemüsesorten, wie beispielsweise Rosenkohl, zubereiten. Rosenkohl unterstützt den Körper beim Abbau von Cholesterin.

Zutaten:
(für 2 Personen)

1–2 Kohlrabi
½ TL gekörnte Brühe
1 EL Butter
1 EL Mehl
100 ml Milch
2 Bratwürste
Muskat
Salz, Pfeffer

Außerdem:
Pflanzenöl zum Braten
frische Petersilie zum Garnieren

Gulasch mit Nudeln

Zutaten:
(für 2 Personen)

1 Zwiebel
1 Karotte
1 Paprikaschote
400 g Rindergulasch
1 EL Butterschmalz
2 EL Tomatenmark
1 EL Mehl
750 ml Fleischbrühe
1 TL Zucker
250 g Nudeln
Paprikapulver
Salz, Pfeffer

Zubereitung:

1. Die Zwiebel abziehen und in feine Streifen schneiden. Die Karotte waschen, putzen und in Scheiben schneiden. Die Paprika waschen, putzen und würfeln. Das Fleisch mit kaltem Wasser abspülen und mit Küchenkrepp trocken tupfen.

2. Das Butterschmalz in einem Bräter erhitzen und das Fleisch darin kräftig anbraten. Die Zwiebel, die Karotte und die Paprika hinzugeben und mit anbraten. Das Tomatenmark hinzufügen und kurz mit anrösten. Das Mehl über das Gulasch streuen und gut vermischen. Mit der Fleischbrühe auffüllen und zugedeckt ca. 1 ½ Stunden schmoren lassen. Das Gulasch mit Zucker, Paprikapulver, Salz und Pfeffer abschmecken.

3. In einem Topf Salzwasser zum Kochen bringen. Die Nudeln darin ca. 10 Minuten kochen, dann in einem Sieb abtropfen lassen. Die Nudeln zusammen mit dem Gulasch servieren. Dazu passt Blattsalat.

Schweinefilet im Speckmantel

Zutaten:
(für 2 Personen)

350 g Schweinefilet
ca. 6 Scheiben Speck (je nach Größe)
Senf
Pfeffer aus der Mühle
1 EL Butterschmalz
400 ml Fleischbrühe
1 TL Mehl
Salz, Pfeffer

Zubereitung:

1. Das Schweinefilet waschen, trocken tupfen und in sechs gleichgroße Scheiben schneiden. Die Speckscheiben mit Senf bestreichen, pfeffern und die Schweinefiletscheiben damit umwickeln.

2. In einer Pfanne das Butterschmalz erhitzen und die Filetstücke darin von jeder Seite 3–4 Minuten anbraten. Aus der Pfanne nehmen und warmhalten.

3. Den Bratenfond mit der Fleischbrühe aufgießen und mit Salz und Pfeffer würzen. Je nach gewünschter Konsistenz mit etwas Mehl binden.

4. Die Filetstücke zusammen mit der Soße auf Tellern anrichten. Mit Petersilie garnieren und servieren. Dazu passen Bratkartoffeln und Blattsalat.

Sauerbraten

Zubereitung:

1. Für die Beize die Zwiebel abziehen und mit den Nelken spicken, das Wurzelgemüse putzen und in Stücke schneiden. 3 Liter Wasser mit dem Essig in einem großen Topf zum Kochen bringen und mit allen Zutaten ca. 15 Minuten kochen. Die Beize völlig erkalten lassen, über das Fleisch gießen und dieses an einem kühlen Ort 5–6 Tage in der Beize marinieren.

2. Das Fleisch aus der Beize nehmen, mit Küchenkrepp trocken tupfen, salzen und pfeffern, in etwas Mehl wenden und im heißen Fett von allen Seiten braun anbraten. Die Beize durch ein Sieb gießen und die Flüssigkeit auffangen.

3. Den Braten mit so viel Essigbeize aufgießen, dass er knapp damit bedeckt ist und im geschlossenen Topf ca. 2 Stunden schmoren.

4. Nach Ablauf der Garzeit den Sauerbraten herausnehmen, beiseitestellen und die Soße mit etwas Mehl binden. Je nach Geschmack noch mit Salz und Pfeffer nachwürzen.

5. Den Braten in Scheiben schneiden, auf Tellern anrichten und mit der Soße servieren.

Tipp:

Je nachdem, wie viel Essig Sie für die Beize nehmen, wird es ein milder oder scharfsaurer Braten. Am besten schmecken zu diesem Gericht Kartoffelklöße und Rotkohl.

Zutaten:
(für 2 Personen)

500 g Rinderbraten
etwas Mehl
20 g Fett
Pfeffer, Salz

Für die Beize:
1 Zwiebel
4 Nelken
1 Karotte
1 Petersilienwurzel
½ Sellerieknolle
½ l Essig
10 Pfefferkörner
1 Lorbeerblatt

Zutaten:
(für 2 Personen)

400 g Rinderfilet
3 Zwiebeln
200 g Champignons
1–2 EL Mehl
40 g Butterschmalz
400 ml Rinderbrühe
125 ml süße Sahne
Salz, Pfeffer

Außerdem:
etwas Mehl zum Abbinden
Petersilie, Schnittlauch und Tomate zum Garnieren

Bœuf Stroganoff

Zubereitung:

1. Das Fleisch kalt abwaschen, trocken tupfen und in ca. 2 cm große Stücke schneiden. Die Zwiebeln abziehen und fein würfeln. Die Champignons mit einem Pilz- oder Kuchenpinsel säubern und in dicke Scheiben schneiden.

2. Das kleingeschnittene Fleisch in Mehl wälzen und sofort in einer Pfanne mit dem heißen Butterschmalz kurz und scharf anbraten. Das Fleisch herausnehmen und warmhalten. Nun die Pilze und die Zwiebeln in dem Bratfett scharf anbraten. Das Rinderfilet dazugeben und mit der Rinderbrühe und der Sahne ablöschen. Nach Bedarf noch mit etwas Mehl abbinden. Mit Salz und Pfeffer abschmecken.

3. Auf einem Teller anrichten und mit Tomate, Petersilie und Schnittlauch garnieren. Dazu passen Bandnudeln.

Tipp:

Das Bœuf Stroganoff ist ein Klassiker der russischen Küche und nach der Adelsfamilie Stroganoff benannt. Im ursprünglichen Rezept werden der Soße noch Scheiben von Gewürzgurken hinzugefügt.

Zutaten:
(für 2 Personen)

Für die Schnitzel:
2 Schnitzel (aus der Oberschale)
2 EL Mehl
1 Ei
50 g Paniermehl
40 g Butterschmalz

Für die Rösti:
500 g festkochende Kartoffeln
1 kleine Zwiebel
1–2 EL Butterschmalz
Salz, Pfeffer

Zum Garnieren:
frische Petersilie

Mini-Schnitzel
mit Rösti

Zubereitung:

1. Die Schnitzel waschen, mit Küchenkrepp trocken tupfen und halbieren.

2. In drei tiefe Teller das Mehl, das Ei und die Semmelbrösel verteilen. Das Ei im Teller verquirlen. Die Schnitzel jeweils von beiden Seiten zuerst im Mehl, dann in dem verquirlten Ei und anschließend im Paniermehl wenden.

3. Für die Rösti die Kartoffeln waschen und mit der Schale ca. 10 Minuten kochen. Die Zwiebel abziehen und fein würfeln. Die Kartoffeln abgießen, pellen und grob reiben. Mit den Zwiebelwürfeln mischen und mit Salz und Pfeffer würzen.

4. Das Butterschmalz für die Rösti in einer Pfanne erhitzen und die Kartoffeln darin portionsweise auf beiden Seiten je ca. 10 Minuten bei geringer Hitze braten.

5. Das Butterschmalz für die Schnitzel in einer Pfanne erhitzen. Die panierten Schnitzel von beiden Seiten braten, bis sie knusprig braun sind.

6. Die Schnitzel zusammen mit den Rösti auf Tellern anrichten und mit Petersilie garniert servieren.

Tipp:

Anstatt die Rösti einzeln zu backen, können Sie auch die Kartoffelmasse auf einmal in die Pfanne geben. Der fertige Kartoffelkuchen kann dann in Stücke geschnitten und serviert werden.

Rinderrouladen im Römertopf

Zubereitung:

1. Den Römertopf eine Stunde in Wasser legen, sodass er vollständig bedeckt ist.

2. In der Zwischenzeit die Zwiebel und den Knoblauch abziehen und fein hacken. Die Gewürzgurken und den Bacon fein würfeln.

3. Die Rouladen abwaschen, trocken tupfen, flach hinlegen und mit Senf bestreichen. Darauf achten, dass die Ränder frei bleiben. Mit Salz und Pfeffer würzen. Die Rouladen nacheinander mit der Zwiebel, dem Knoblauch, den Gewürzgurken und dem Bacon belegen. Die Ränder nach innen umschlagen, damit nichts herausfällt. Die Rouladen aufrollen und mit einer Rouladennadel zustecken oder mit Küchengarn umwickeln. Die aufgerollten Rouladen kurz in Mehl rollen.

4. Die Karotten, den Lauch und die Petersilienwurzel waschen, putzen und würfeln.

5. Das Butterschmalz in einer Pfanne erhitzen und die Rouladen von allen Seiten scharf anbraten. Die Pfanne kurz beiseitestellen und die Rouladen in den Römertopf legen.

6. Dann in der Pfanne das Gemüse anbraten. Das Tomatenmark dazugeben, ebenfalls kurz mit anbraten und mit dem Rinderfond ablöschen. Wer mehr Soße mag, kann noch etwas Wasser oder Brühe zugeben.

7. Das Gemüse mit dem Fond zu den Rouladen in den Römertopf geben. Den Römertopf in den kalten Backofen stellen und dort bei 180 °C (Umluft 160 °C) ca. 90 Minuten schmoren lassen.

8. Nach Ende der Garzeit die Rouladen herausnehmen und beiseitestellen. Den Fond über einem Sieb abgießen und in einen Topf geben. Die Speisestärke in Wasser anrühren und den Bratenfond damit andicken. Mit Salz und Pfeffer abschmecken.

9. Die Rouladen zum Erwärmen wieder kurz in die Soße legen und dann servieren. Dazu passen Kartoffelpüree und Gurkensalat.

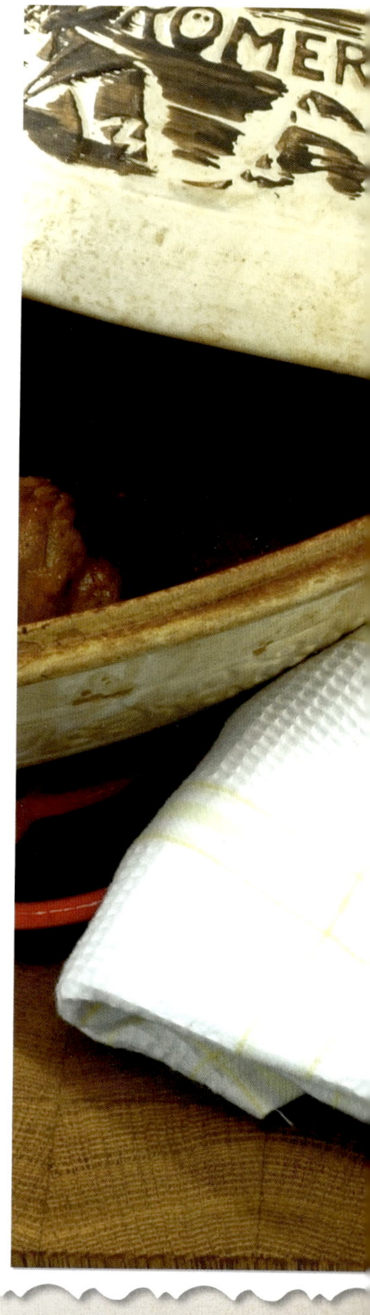

Zutaten:
(für 2 Personen)

2 Rinderrouladen (à ca. 150 g)
1 kleine Zwiebel
1 Knoblauchzehe
2 Gewürzgurken
100 g Bacon
1–2 EL Senf

2 EL Mehl
100 g Karotten
80 g Lauch
120 g Petersilienwurzel
40 g Butterschmalz
60 g Tomatenmark

400 ml Rinderfond
1 EL Speisestärke
Salz, Pfeffer

Außerdem:
Rouladennadeln oder Küchengarn

Gefüllte Lende
mit Salbeisoße

Zubereitung:

1. Das Filet waschen und trocken tupfen. Der Länge nach in das Filet eine Tasche einschneiden. Innen und außen mit Pfeffer würzen. Die Salbeiblätter waschen, trocken schütteln und das Filet damit auslegen.

2. Den Käse und den gekochten Hinterschinken fein würfeln, das Schweinefilet damit füllen und mit Zahnstocher oder Rouladennadeln verschließen.

3. Das Butterschmalz in einem Bräter erhitzen. Das Filet im Butterschmalz von allen Seiten anbraten, mit der Brühe ablöschen und ca. 20 Minuten zugedeckt bei milder Hitze schmoren lassen.

4. Das Fleisch herausnehmen und warmhalten. Für die Soße die Sahne zugeben und bis zur gewünschten Konsistenz einkochen lassen. Mit Paprikapulver, Salz und Pfeffer abschmecken.

5. Das Filet in Stücke schneiden und zusammen mit der Soße servieren. Dazu passen Bandnudeln.

Tipp:

Braten Sie einige Salbeiblätter in Butter oder Pflanzenöl an und garnieren Sie das fertige Gericht damit – eine schöne Dekoration mit aromatischem Geschmack.

Zutaten:
(für 2 Personen)

1 Schweinefilet (ca. 400 g)
10 frische Salbeiblätter
80 g Käse (z. B. Gouda)
80 g gekochter Hinterschinken
50 g Butterschmalz
600 ml Rinder- oder Gemüsebrühe
150 ml Sahne
Paprikapulver
Salz, Pfeffer

Außerdem:
Zahnstocher oder Rouladennadeln

Hackbällchen

Zutaten:
(für 2 Personen)

Für die Hackbällchen:
1 altbackenes Brötchen
2 Zwiebeln
500 g Hackfleisch
1 Ei
30 g Butterschmalz
Muskat
Salz, Pfeffer

Für die Soße:
1 Zwiebel
2 Möhren
2 Tomaten
30 g Butterschmalz
400 ml Fleischbrühe
1–2 EL Mehl
Paprikapulver
Salz, Pfeffer

Außerdem:
glatte Petersilie zum Garnieren

Zubereitung:

1. Das Brötchen ca. 10 Minuten in Wasser einweichen. In der Zwischenzeit die Zwiebeln abziehen und fein hacken.

2. Das Brötchen gut ausdrücken und mit dem Hackfleisch, den Zwiebeln und dem Ei vermischen. Mit Salz, Pfeffer und Muskat kräftig würzen. Anschließend aus der Masse die Hackbällchen formen.

3. Für die Soße die Zwiebel abziehen und fein hacken. Die Möhren waschen, putzen und klein schneiden. Die Tomaten häuten. Dazu entfernen Sie den Strunk und ritzen die Unterseite kreuzförmig ein. Die Tomaten mit reichlich kochendem Wasser übergießen. Wenn sich die eingeritzte Haut rollt, die Tomaten aus dem heißen Wasser nehmen und mit kaltem Wasser abschrecken. Die Haut abziehen, halbieren und die Kerne entfernen. Das Fruchtfleisch in kleine Würfel schneiden.

4. Das Butterschmalz für die Soße in einem Topf erhitzen. Die Zwiebel, die Möhren und die Tomatenstückchen darin anbraten. Mit der Fleischbrühe ablöschen und das Gemüse pürieren. Die Soße mit dem Mehl abbinden, bis sie die gewünschte Konsistenz hat. Mit Paprikapulver, Salz und Pfeffer abschmecken.

5. Das Butterschmalz für die Hackbällchen in einer Pfanne erhitzen und die Bällchen rundherum einige Minuten braten.

6. Die Bällchen mit etwas Soße und mit Petersilie bestreut servieren.

Tipp:

Reichen Sie dazu gedünsteten Mangold: 500 g Mangold putzen, waschen und klein schneiden. Mit ein wenig Wasser in einen Topf geben und bei geringer Hitze etwa 5 Minuten dünsten. Nach Wunsch mit etwas Sahne oder Schmand verfeinern und mit Salz, Pfeffer und Muskat würzen.

Schweinegeschnetzeltes mit Zuckerschoten

Zutaten:
(für 2 Personen)

1 Zwiebel
100 g Zuckerschoten
400 g Geschnetzeltes vom Schwein
1–2 EL Mehl
40 g Butterschmalz
500 ml Fleischbrühe
200 ml süße Sahne
Salz, Pfeffer

Zubereitung:

1. Die Zwiebel abziehen und fein würfeln. Die Zuckerschoten waschen und in gleichgroße Stücke schneiden. Das Fleisch kurz in dem Mehl wenden.

2. Das Butterschmalz in einer Pfanne erhitzen und das Fleisch zusammen mit den Zwiebeln anbraten. Mit der Fleischbrühe ablöschen, die Sahne dazugeben und etwas einköcheln lassen.

3. Zum Schluss die Zuckerschoten hinzufügen und ca. 10 Minuten köcheln lassen. Mit Salz und Pfeffer abschmecken. Dazu passt Reis.

Rindergeschnetzeltes mit Rotweinsoße

Zutaten:
(für 2 Personen)

2 Zwiebeln
150 g Karotten
400 g Geschnetzeltes vom Rind
1–2 EL Mehl
40 g Butterschmalz
100 g Tomatenmark
800 ml Fleischbrühe
125 ml Rotwein
Salz, Pfeffer

Zubereitung:

1. Die Zwiebeln abziehen und fein würfeln. Die Karotten putzen, waschen und in kleine Stücke schneiden.

2. Das Fleisch kurz in dem Mehl wenden. Das Butterschmalz in einer Pfanne erhitzen und das Fleisch darin portionsweise scharf anbraten. Das Fleisch herausnehmen und die Zwiebeln und Karotten anbraten.

3. Das Tomatenmark zugeben und alles gut verrühren. Das Fleisch wieder hinzufügen und mit dem Rotwein ablöschen, dann die Fleischbrühe dazugießen und ca. 1 Stunde bei geschlossenem Deckel schmoren lassen. Mit Salz und Pfeffer abschmecken und auf Tellern anrichten. Dazu passen Salzkartoffeln und Blattsalat.

Zutaten:
(für 2 Personen)

1 altbackenes Brötchen
1 kleine Zwiebel
½ Bund glatte Petersilie
250 g Champignons
500 g Kartoffeln
500 g Hackfleisch
2 Eier
1 EL getrockneter Majoran
150 g Crème fraîche
1–2 EL scharfer Senf
Salz, Pfeffer

Außerdem:
Butter für die Form

Kartoffel-Hack-Auflauf

Zubereitung:

1. Das Brötchen ca. 10 Minuten in Wasser einweichen. Die Zwiebel abziehen und fein hacken. Die Petersilie abbrausen, trocken schütteln und klein hacken, dabei einige Blättchen zum Garnieren zur Seite legen. Die Champignons putzen und in Scheiben schneiden. Die Kartoffeln waschen, schälen und mit dem Gemüsehobel in dünne Scheiben schneiden.

2. Eine Auflaufform mit Butter ausfetten. Das Hackfleisch mit dem ausgedrückten Brötchen, den Zwiebeln, den Eiern, der Petersilie und dem Majoran vermischen und mit Salz und Pfeffer kräftig würzen.

3. Den Backofen auf 180 °C (Umluft 160 °C) vorheizen.

4. Abwechselnd die Kartoffeln, die Fleischmasse und die Champignons in dünnen Schichten in die Auflaufform geben. Mit einer Schicht Kartoffeln abschließen.

5. Die Crème fraîche mit dem Senf, Salz und Pfeffer würzen und über die Kartoffeln streichen. Den Auflauf im vorgeheizten Backofen ca. 45 Minuten mit geschlossenem Deckel garen. Dann den Deckel entfernen und weitere 15 Minuten garen, bis die Oberfläche zu bräunen beginnt.

6. Den Auflauf portionsweise auf Teller verteilen und mit Petersilienblättchen garniert servieren.

Tipp:

Dieses Rezept ist recht üppig bemessen. Sollten Sie nicht alles verbrauchen, können Sie den Rest jedoch problemlos einfrieren.

Honig-Hähnchen

Zutaten:
(für 2 Personen)

1 kleines küchenfertiges Brathähnchen (ca. 1,2 kg)
3 EL Öl
3 EL Orangensaft
3 EL flüssiger Honig
gemahlener Ingwer
Paprikapulver
Salz, Pfeffer
1 Bio-Orange
1 kleiner Hokkaido-Kürbis
2 Äpfel
2–3 Rosmarinzweige

Zubereitung:

1. Das Hähnchen innen und außen waschen und trocken tupfen. Das Öl, den Orangensaft, den Honig, gemahlenen Ingwer, Paprikapulver, Salz und Pfeffer zu einer Marinade vermischen. Das Hähnchen innen und außen mit der Hälfte der Marinade bestreichen und in einen Bräter legen.

2. Den Backofen auf 200 °C (Umluft 180 °C) vorheizen.

3. Die Orange, den Kürbis und die Äpfel waschen. Die Orange schälen und in ca. 2 cm große Würfel schneiden. Die Äpfel waschen, aufschneiden, vom Kerngehäuse befreien und in kleine Würfel schneiden. Den Hokkaido-Kürbis waschen, aufschneiden, die Kerne mit einem Löffel entfernen und den Kürbis ebenfalls klein würfeln (die Schale muss nicht entfernt werden).

4. Die restliche Marinade auf die Orange, den Kürbis und die Apfelstückchen träufeln und alles um das Hähnchen herum im Bräter verteilen. Die Rosmarinzweige waschen, trocken tupfen und auf dem Gemüse und dem Hähnchen verteilen.

5. Im vorgeheizten Backofen 45–50 Minuten braten. Vor dem Servieren nach Belieben mit einigen Cranberries dekorieren. Dazu passt frisches Weißbrot.

Tipp:

Wenn Ihnen ein ganzes Hähnchen zu viel ist, können Sie das Gericht auch mit Hähnchenteilen, wie z. B. Schenkel oder Brust, zubereiten.

Hähnchenschnitzel
Hawaii

Zutaten:
(für 2 Personen)

2 dünne Hähnchenbrustfilets
2 EL Pflanzenöl
4 Scheiben gekochter Schinken
4 Scheiben Ananas
4 Scheiben Gouda
4 Cocktailkirschen
Salz, Pfeffer

Zubereitung:

1. Den Backofen auf 180 °C (Umluft 160 °C) vorheizen.

2. Die Hähnchenbrustfilets waschen, trocken tupfen und mit Salz und Pfeffer würzen. Das Öl in einer Pfanne erhitzen und die Schnitzel von jeder Seite ca. 2 Minuten scharf anbraten. Herausnehmen und auf ein mit Backpapier belegtes Backblech geben.

3. Jedes Schnitzel nebeneinander mit zwei Scheiben gekochtem Schinken, zwei Scheiben Ananas und zwei Scheiben Käse belegen. Im vorgeheizten Backofen ca. 8 Minuten überbacken.

4. Die fertigen Schnitzel mit je einer Cocktailkirsche in den Ananasscheiben garnieren und in der Mitte durchschneiden. Jeweils 2 Hälften auf einem Teller anrichten und servieren. Dazu passt ein gemischter Salat.

Tipp:

Hähnchenbrustfilets sind oft sehr dick. Wenn Sie keine dünnen bekommen, können Sie statt zwei dünnen auch ein dickes kaufen und dieses der Länge nach halbieren. Benutzen Sie dazu ein scharfes Messer und klopfen Sie die Hälften anschließend noch etwas flach.

Zutaten:
(für 2 Personen)

50 g frischer Spinat
2 Knoblauchzehen
2 Schalotten
1 Karotte
2 Putenschnitzel
1 EL Butter
250 ml Bier
1 EL Speisestärke
100 ml süße Sahne
Muskat
Salz, Pfeffer

Putenrouladen

Zubereitung:

1. Den Spinat verlesen, waschen und in kochendem Wasser blanchieren. Die Spinatblätter abschrecken und auf einem Küchentuch abtropfen lassen.

2. Die Knoblauchzehen sowie die Schalotten schälen und beides fein hacken. Die Karotte putzen und in Scheiben schneiden.

3. Die Schnitzel auslegen und mit Salz und Pfeffer würzen. Die Spinatblätter auf den Schnitzeln verteilen, den Knoblauch darüberstreuen und mit etwas Muskat würzen. Die Schnitzel zu Rouladen aufrollen und mit je einem Zahnstocher verschließen.

4. Die Butter in einem Topf schmelzen und die Rouladen darin von allen Seiten anbraten. Die Schalotten und die Karotten dazugeben und mit dem Bier aufgießen. Bei geschlossenem Deckel ca. 30 Minuten dünsten. Dann die Rouladen aus dem Topf nehmen und warm stellen.

5. Die Speisestärke mit der Sahne glattrühren, in die Bratflüssigkeit einrühren, einmal aufkochen und dann mit dem Pürierstab zu einer sämigen Soße verarbeiten. Mit Salz und Pfeffer abschmecken.

6. Die Rouladen aufschneiden und mit der Soße servieren. Dazu passen Bandnudeln.

Tipp:

Wenn Sie kein Bier mögen, können Sie die Soße stattdessen auch mit Weiß- oder Rotwein aufgießen.

Seelachs auf Gemüse

Zubereitung:

1. Das Gemüse (außer dem Mais) waschen, putzen und in kleine Stücke schneiden. Die Kartoffeln waschen, schälen und ebenfalls in kleine Stücke schneiden. Das Öl in einem Bräter erhitzen und die Gemüse- und Kartoffelstücke darin kräftig anbraten.

2. Mit dem Weißwein ablöschen, mit Salz und Pfeffer würzen und etwa 10 Minuten köcheln lassen.

3. Inzwischen den Seelachs waschen und trocken tupfen. Die Zitrone auspressen, mit dem Saft den Fisch beträufeln und mit Salz und Pfeffer würzen.

4. Den Fisch auf das Gemüse legen und mit Butterflöckchen bestreuen. Zugedeckt ca. 10 Minuten köcheln lassen.

5. Nach Belieben mit getrocknetem Thymian bestreuen und servieren.

Tipp:

Das Rezept können Sie auch mit einem anderen Seefisch, wie z. B. Rotbarsch oder Kabeljau, zubereiten.

Zutaten:
(für 2 Personen)

2 Karotten
10 Stangenbohnen
4 Brokkoliröschen
½ rote Paprika
3 TL Mais
3 Kartoffeln

1 EL Pflanzenöl
100 ml trockener Weißwein
400 g Seelachsfilet
½ Zitrone
1 EL Butter
Salz, Pfeffer

Zum Bestreuen:
getrockneter Thymian

Kabeljau mit Kartoffel-Erbsen-Püree und Kräuter-Sahne-Soße

Zubereitung:

1. Für das Püree die Kartoffeln waschen, schälen und in Stücke schneiden. In einem Topf mit Salzwasser ca. 15 Minuten kochen.

2. Die Erbsen aus den Hülsen lösen und 5 Minuten vor Ende der Garzeit zu den Kartoffeln geben.

3. Die Milch erhitzen und die Butter darin auflösen. Die Kartoffeln mit den Erbsen abschütten und durch die Kartoffelpresse drücken. Mit der Milch-Butter-Mischung zu einem cremigen Püree verrühren und mit Salz, Pfeffer und Muskat abschmecken.

4. Den Fisch waschen und trocken tupfen. Die Zitrone auspressen, den Fisch damit beträufeln und mit Salz und Pfeffer würzen.

5. Den Fisch in einem Topf mit ca. ½ Liter Wasser bedecken, etwas Salz, Pfeffer und die gekörnte Gemüsebrühe dazugeben und bei mittlerer Hitze ca. 10 Minuten garen.

6. Für die Soße die Butter in einem Topf schmelzen, das Mehl hinzugeben und zu einer glatten Masse rühren. Den Fond von dem gedünsteten Fisch abgießen und auffangen. Den Fischfond zusammen mit der Sahne zur Mehlschwitze gießen und gut unterrühren. Die gehackten Kräuter dazugeben und die Soße mit dem Pürierstab zerkleinern.

7. Auf jeden Teller etwas Soße geben, die Hälfte des Kartoffel-Erben-Pürees und des Fisches daraufsetzen und mit Dill garniert servieren.

Tipp:

Statt Kabeljau können Sie ebensogut Dorsch verwenden: Dorsch ist junger Kabeljau vor der Geschlechtsreife. Meist stammt er aus der kühlen Ostsee, denn die älteren Fische wandern zum Laichen in wärmere Gewässer.

Zutaten:
(für 2 Personen)

Für das Püree:
250 g Kartoffeln
150 g frische Erbsen
125 ml Milch
25 g Butter
Muskat
Salz, Pfeffer

Für den Fisch:
400 g Kabeljaufilet
½ Zitrone
1 EL gekörnte Gemüsebrühe
Salz, Pfeffer

Für die Soße:
1 EL Butter
1 EL Mehl
200 ml Fischfond (vom gedünsteten Fisch)
150 ml süße Sahne
3 EL gehackte frische Kräuter, z. B. Dill

Zum Garnieren:
frischer Dill

Lachs mit Blattspinat

Zutaten:
(für 2 Personen)

Für den Blattspinat:
400 g junger Blattspinat
1 kleine Zwiebel
1 Knoblauchzehe
1 EL Pflanzenöl
Muskat
Salz, Pfeffer

Für den Lachs:
1 unbehandelte Zitrone
400 g Lachsfilet
½ EL Butter
Salz, Pfeffer

Außerdem:
Fett für die Form
rosa Pfeffer zum Garnieren

Zubereitung:

1. Den Spinat putzen, von den Stielen befreien, waschen und abtropfen lassen. Die Zwiebel und den Knoblauch abziehen, fein würfeln und in einem Topf mit dem erhitzten Pflanzenöl andünsten.

2. Den Blattspinat zu den Zwiebeln und dem Knoblauch in den Topf geben und zugedeckt ca. 5 Minuten gardünsten. Mit Salz, Pfeffer und Muskat abschmecken.

3. Den Backofen auf 160 °C (Umluft 140 °C) vorheizen.

4. Die Hälfte der Zitrone auspressen. Die andere Hälfte gut abwaschen und in Viertel schneiden. Das Lachsfilet abwaschen, trocken tupfen und in vier Stücke teilen. Mit ein wenig Zitronensaft beträufeln und mit Salz und Pfeffer würzen.

5. Die Lachsstücke in einer Pfanne mit der erhitzten Butter auf beiden Seiten ca. 2 Minuten scharf anbraten.

6. Eine Auflaufform einfetten und den Blattspinat darin verteilen. Die angebratenen Fischfilets darauflegen und im vorgeheizten Backofen ca. 15 Minuten garen lassen.

7. Auf den Tellern zuerst den Spinat, dann den Lachs verteilen. Mit Zitronenvierteln garnieren und mit rosa Pfeffer bestreut servieren.

Tipp:

Zu dem Lachs passt anstelle von Blattspinat auch sehr gut frischer Mangold. Bereiten Sie ihn auf die gleiche Weise zu wie den Spinat. Wenn Sie die Mangoldstiele mitverwenden, geben Sie diese ca. 3 Minuten vorher in den Topf.

Quark mit Himbeerspiegel

Zutaten:
(für 2 Personen)

100 ml süße Sahne
200 g Quark (40 %)
½ TL Zitronenabrieb
50 g Zucker
1 Päckchen Vanillezucker
300 g Himbeeren
50 g Haselnusskrokant

Zubereitung:

1. Die Sahne mit dem Handrührgerät steif schlagen. Den Quark mit dem Zitronenabrieb, dem Zucker und dem Vanillezucker vermischen und dann vorsichtig die Sahne unterziehen.

2. Die Quark-Sahne-Masse in Dessertschalen füllen und 2 Stunden kalt stellen, bis die Quarkmasse fest ist.

3. Die Himbeeren verlesen und mit dem Pürierstab zu Mus zerkleinern. Das Himbeermus auf die Quarkmasse geben und das Ganze noch einmal durchkühlen lassen.

4. Vor dem Servieren den Fruchtspiegel am Rand mit Haselnusskrokant verzieren.

Buttermilchwaffeln

Zutaten:
(für ca. 6 Waffeln)

Für den Teig:
100 g weiche Butter
50 g Zucker
½ Päckchen Vanillezucker
1 Prise Salz
2 Eier (Größe M)
½ Päckchen Backpulver
175 g Mehl
250 ml Buttermilch

Für die Brombeersoße:
300 g Brombeeren
Zucker nach Belieben

Zubereitung:

1. Die weiche Butter mit dem Zucker, dem Vanillezucker und dem Salz mit dem Handrührgerät schaumig rühren. Die Eier nach und nach zugeben und mit der Masse verrühren.

2. Das Backpulver mit dem Mehl vermischen und sieben. Das gesiebte Mehl abwechselnd mit der Buttermilch zugeben und verrühren. Den Teig ca. 15 Minuten ruhen lassen.

3. In der Zwischenzeit die Brombeeren waschen, abtropfen lassen und in ein hohes Gefäß geben. Mit dem Pürierstab zerkleinern und nach Belieben mit Zucker süßen. Die pürierten Brombeeren durch ein Haarsieb streichen, um die Kerne zu entfernen.

4. Das Waffeleisen vorheizen und die Waffeln nacheinander ausbacken. Sollten die Waffeln am Waffeleisen hängen bleiben, das Waffeleisen mit etwas Öl bestreichen. Die gebackenen Waffeln zusammen mit der Brombeersoße servieren.

Zutaten:
(für ca. 6 Pfannkuchen)

225 g Weizenmehl
250 ml Milch
125 ml Mineralwasser
3 Eier
1 Prise Salz
2 EL Zucker
2 Tropfen Vanille-Backaroma
6 TL Pflanzenöl

Außerdem:
schwarze Johannisbeerkonfitüre zum Füllen
Puderzucker zum Bestäuben

Pfannkuchen mit schwarzer Johannisbeerkonfitüre

Zubereitung:

1. Das Mehl in eine Schüssel sieben. Die Milch mit dem Mineralwasser mischen. Mit einem Schneebesen die Eier nach und nach in das Mehl einrühren und dabei die Milch-Wasser-Mischung hinzufügen. Die Masse sollte dünnflüssig sein und keine Klümpchen enthalten.

2. Das Salz, den Zucker und das Vanille-Aroma unterrühren, bis sich der Zucker aufgelöst hat.

3. In einer großen Pfanne 1 Teelöffel Öl erhitzen. Eine Kelle mit Teig in die Mitte der heißen Pfanne geben. Die Pfanne leicht schwenken, damit der Teig bis zum Pfannenrand läuft, und weiterbacken, bis die obere Schicht nicht mehr flüssig ist. Mit einem Pfannenwender den Pfannkuchen wenden und ca. 1 Minute weiterbacken. Die Pfanne dabei hin und wieder leicht rütteln, damit der Pfannkuchen nicht am Boden haften bleibt.

4. Den fertigen Pfannkuchen auf einen vorgewärmten Teller geben, mit schwarzer Johannisbeerkonfitüre bestreichen und einrollen. Aus dem restlichen Teig auf die gleiche Weise weitere Pfannkuchen backen und füllen.

5. Die fertigen gefüllten Pfannkuchen mit Puderzucker bestäubt servieren.

Tipp:

Frische Beeren sind nicht nur aromatisch, sondern auch besonders gesund. Hier gilt die Regel, je dunkler, desto besser: Vor allem Heidelbeeren, Brombeeren und schwarze Johannisbeeren enthalten sehr viel Vitamin C. Bereits 100 g schwarze Johannisbeeren decken den täglichen Vitamin-C-Bedarf.

Kaiserschmarrn
mit Heidelbeeren

Zutaten:
(für 2 Personen)

2 Eier
60 g Mehl
15 g Zucker
1 Prise Salz
125 ml Milch
25 g Butter
50 g Heidelbeeren

Zum Bestäuben:
Puderzucker

Zubereitung:

1. Die Eier trennen. Das Mehl mit dem Zucker, dem Salz, der Milch und den Eigelben zu einem dickflüssigen Teig verrühren.

2. Die Eiweiße zu steifem Schnee schlagen und vorsichtig unter den Pfannkuchenteig heben.

3. Die Butter in einer Pfanne heiß werden lassen, den Teig hineingießen und den Boden etwas anbacken lassen. Anschließend wenden und bei geringer Hitze fertig backen.

4. Danach den Pfannkuchen auf einen vorgewärmten Teller geben und am besten mit zwei Gabeln in unregelmäßige Stücke zerpflücken.

5. Die Heidelbeeren verlesen, waschen, trocknen und zu dem Schmarrn auf die Teller geben. Den Kaiserschmarrn mit Puderzucker bestäubt servieren.

Kaiserschmarrn mit Pflaumensoße:

Eine sehr aromatische Variante erhalten Sie, wenn Sie statt der Heidelbeeren diese köstliche Pflaumensoße zu dem Kaiserschmarrn servieren: 230 g Pflaumenmus mit ¼ Teelöffel Zimt verrühren. 200 g Pflaumen mit einem Tuch abreiben, entkernen und in kleine Würfel schneiden. Die Pflaumenwürfel unter das Pflaumenmus rühren und das Ganze nach Belieben mit Minzeblättchen bestreut servieren.

Schokoladenkuchen mit Himbeeren

Zutaten:

(für eine Springform von 18 cm Durchmesser)

100 g Zartbitterschokolade
100 ml Pflanzenöl
3 Eier
60 g Zucker
1 EL Mehl
1 EL Kakao
1 TL Backpulver

Für den Belag:
200 g Himbeeren
50 ml süße Sahne
50 g Zartbitterschokolade

Außerdem:
weiche Butter und Semmelbrösel für die Form

Zubereitung:

1. Den Backofen auf 180 °C (Umluft 160 °C) vorheizen. Die Form mit Butter einfetten und mit Semmelbröseln ausstreuen.

2. Die Schokolade mit dem Öl im Wasserbad schmelzen.

3. Die Eier mit dem Zucker schaumig rühren. Das Mehl, den Kakao und das Backpulver sieben, zur Eiermasse geben und vorsichtig unterheben.

4. Die Schokoladen-Öl-Masse unterheben, den Teig in die gefettete Springform füllen und 35 Minuten im vorgeheizten Backofen backen. Den Kuchen abkühlen lassen.

5. Für den Belag die Himbeeren verlesen. Die Sahne erhitzen und die Schokolade in Stücke gebrochen dazugeben. So lange verrühren, bis sich die Schokolade aufgelöst hat und dann die Masse auf dem Kuchen verteilen. In die noch weiche Schoko-Sahne-Masse die Himbeeren setzen und abkühlen lassen.

Tipp:

Dieser Kuchen ist genauso köstlich wie üppig. Essen Sie nicht zu viel davon – am besten laden Sie Gäste ein und genießen ihn gemeinsam bei einem gemütlichen Kaffeeklatsch!

Heidelbeer-Eierlikör-Kuchen

Zutaten:

(für eine Springform mit Kranz, 18 cm Durchmesser)

100 g Heidelbeeren
2 Eier
110 g Puderzucker
½ Päckchen Vanillezucker
125 ml Pflanzenöl
125 ml Eierlikör
100 g Mehl
1 TL Backpulver
80 g Speisestärke
1 Prise Salz

Außerdem:
weiche Butter und Semmelbrösel für die Form
Puderzucker zum Bestäuben

Zubereitung:

1. Die Heidelbeeren waschen, abtropfen lassen und mit etwas Mehl bestäuben.

2. Den Backofen auf 180 °C (Umluft 160 °C) vorheizen. Die Form mit Butter einfetten und mit Semmelbröseln ausstreuen.

3. Die Eier, den Puderzucker und den Vanillezucker zu einer weißlichen Creme aufschlagen. Das Öl und den Eierlikör nacheinander in einem dünnen Strahl unter Rühren in den Teig fließen lassen.

4. Das Mehl und das Backpulver in eine Schüssel sieben, die Speisestärke und das Salz untermischen, zur Eiercreme geben und zügig unterrühren.

5. Eine Schicht Teig in die vorbereitete Form einfüllen und circa die Hälfte der Heidelbeeren darauflegen. Den restlichen Teig einfüllen und die restlichen Heidelbeeren auf den Teig legen. So können sich die Heidelbeeren gleichmäßig beim Backen verteilen.

6. Den Kuchen im vorgeheizten Backofen ca. 30 Minuten backen. Nach Ablauf der Backzeit aus dem Ofen nehmen und ca. 10 Minuten in der Form ruhen lassen. Dann herausnehmen und auf einem Kuchengitter abkühlen lassen. Vor dem Servieren mit Puderzucker bestäuben.

Tipp:

Besonders lecker schmeckt der Kuchen mit einer Heidelbeersoße. Dazu 200 g Heidelbeeren waschen und abtropfen lassen. Die Heidelbeeren in ein hohes Gefäß geben und mit dem Pürierstab zerkleinern. Nach Belieben mit Zucker abschmecken. Wer mag, kann die pürierte Masse durch ein Haarsieb streichen, um die feinen Kerne der Heidelbeeren zu entfernen.

Register

© 2020 design cat GmbH

Genehmigte Lizenzausgabe
EDITION XXL GmbH
Industriestraße 19
64407 Fränkisch-Crumbach 2024
www.edition-xxl.de

Idee und Projektleitung: Sonja Sammüller
Layout, Satz und Umschlaggestaltung:
design cat GmbH

ISBN 978-3-89736-831-6

Druck und Bindung in der EU
POLYGRAF PRINT spol. s r. o.
Čapajevova 44
08001 Prešov, Slowakei
www.polygrafprint.sk

Der Inhalt dieses Buches wurde von Autor und Verlag sorgfältig erwogen und geprüft. Es kann keine Haftung für Personen-, Sach- und/oder Vermögensschäden übernommen werden.

Kein Teil dieses Werkes darf ohne schriftliche Einwilligung des Verlages in irgendeiner Form (inkl. Fotokopien, Mikroverfilmung oder anderer Verfahren) reproduziert oder unter Verwendung elektronischer oder mechanischer Systeme verarbeitet, vervielfältigt oder verbreitet werden.

Bildnachweis
Shutterstock: Andrew Scherbackov 7, 8–9 10, 11, 12, 13, 14, 15, 16–17, 18–19, 20–21, 22–23, 24–25, 26–27, 28–29, 30, 31, 32–33, 34–35, 36–37, 38–39, 40, 41, 42–43, 44–45, 46–47, 48–49, 50–51, 52–53, 54, 55, 56–57, 58–59, 60–61, 62–63, 64–65, 66–67, 68–69, 70, 71, 72–73, 74, 76–77, 79; AS Food studio 35; Atstock Productions 11, 18, 29; Bildagentur Zoonar GmbH 12; Cristanna 15; Daria Ustiugova 5; Ekaterina Mikheeva 4; Elovich 40; hlphoto 43, 67; Inspiring 5; Jefunne 79; Karl Allgaeuer 61; kostrez 14; Lapina Maria 65; lorenzo_graph 53; mexrix 49; Natalia Klenova 27; nelea33 69; Nella 5, 6, 10, 12, 13, 17, 19, 20, 25, 26, 28, 30, 31, 32, 35, 36, 38, 42, 45, 47, 50, 53, 57, 59, 61, 63, 64, 66, 69, 73, 77, 79; PapaRecipe 25; primopiano 77; Rishiken 13; S_Photo 74; Stepanek Photography 75; Svetlana Mikhalevich 4; Timolina 59; TWINS DESIGN STUDIO 41

Alle weiteren Fotos: design cat GmbH